El Pequeño Libro de Negocios para Niños

José Pablo Iglesias

ISBN 978-607-00-9625-9

"El Pequeño Libro de Negocios para Niños",
publicado originalmente en 2016.

Edición para Amazon, 2023.
Terminada en la fiesta de San Alberto Magno, 2023.

Agradecimientos:

A mis papás por siempre ayudarme, aunque termine prendiéndole fuego al microondas (Niños: **NO** metan papel aluminio al microondas).

A María del Carmen Cabrera, por motivarme y ayudarme a escribir este libro.

A mi familia, que me ayuda en las buenas y en las malas.

A todos los que dicen que un niño no puede tener negocios, porque me motivan a mejorar cada día.

A todo el equipo de BusinessKids, por ayudarme en mis aventuras en el mundo de los negocios. En especial, a Diana Mijangos por su titánica labor en la edición de este libro.

A todos los demás que me han ayudado, de los cuales no me acuerdo en este momento (ya es muy tarde y estoy cansado).

Y a Dios.

Índice

Prefacio
Por María del Carmen Cabrera

Un día recibí en las instalaciones de BusinessKids a un niño que destacaba por su inteligencia y su gusto por los negocios. Recuerdo que llegué a mi casa y comenté que esperaba que ese niño ingresara a nuestros cursos, puesto que seguramente, en el futuro, sería alguien exitoso en el mundo de los negocios.

Con apenas 12 años, José Pablo sabía ya más de este tema que muchos adultos.

En su generación de BusinessKids siempre destacó por sus ideas, su genialidad y la capacidad para ayudar a otros niños a desarrollar ideas para emprender.

Con pocas semanas, ya era líder en el grupo y muchos niños lo seguían.

Poco a poco fuimos descubriendo que además de estas cualidades, José Pablo es un niño sensible, con muchos valores y grandes habilidades emprendedoras.

El primer negocio de José Pablo en BusinessKids fueron las Marsh Burgers, pero su aventura emprendedora no quedó ahí, al poco tiempo inició un negocio de crepas, empezó a vender carteras artesanales y hoy es un orgullo que publique el primer libro de negocios para niños escrito por alguien de su edad, que además ya es un emprendedor.

En estas páginas descubrirás el mundo de los negocios de una manera sencilla y amena dejándote guiar y sorprender por este pequeño gran emprendedor.

En algunos años, todos en BusinessKids nos sentiremos orgullosos de haber aportado un granito de arena para la formación de un joven, quien sin duda será un exitoso empresario.

Mary Carmen Cabrera
Directora General de BusinessKids

Introducción

¿Alguna vez has querido comprar algo (juguete, aparato, gadget, lo que sea), pero tus papás no te lo quieren comprar?

Bueno, de hecho te están ayudando, quieren que obtengas tu libertad financiera... ¿Qué es eso?

Básicamente es eso... ser libre financieramente, que en algún punto no haya necesidad de que tus papás te mantengan, que puedas mantenerte a ti mismo.

Si te compraran todo, cuando ya dependas de ti mismo, te costaría adaptarte muchísimo.

Con este libro, aprenderás a tener tu propio negocio, el cual genera dinero para tu bolsillo, mientras te diviertes creando y vendiendo.

¿Listo?

¡Comencemos!

Los pilares de un buen negocio

Antes que nada, hay que aprender qué necesita nuestro negocio para ser un BUEN negocio. Éstos son algunos aspectos básicos:

Buena idea:
Creativa e innovadora.

Producción eficaz:
Método creativo y orden.

Mucho esfuerzo:
Trabajo diario y entrega total.

Dinero y finanzas:
NO se refiere a ser un genio de las finanzas, sino a tener un buen manejo del dinero, así como una buena contabilidad del dinero que entra y sale.

Buena publicidad:
NO se refiere a comprar anuncios en la TV (esto será más adelante), sino a tener un logo, un slogan y por último (pero lo más importante), saber hablar sobre tu producto SIN miedo.

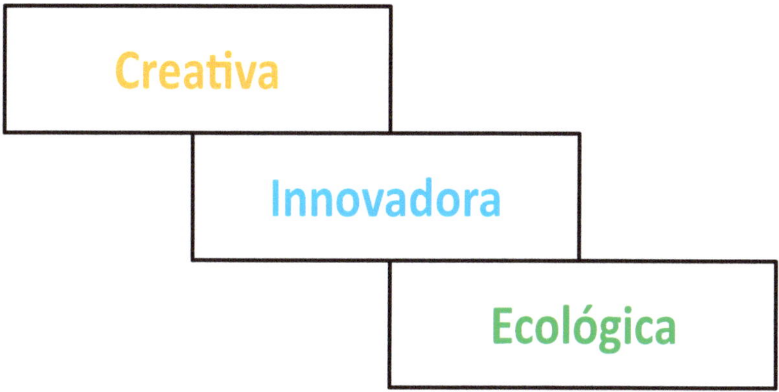

Si creas una idea con estos tres aspectos,
tendrás una buena idea.

¿Cómo debe ser mi idea?

Creativa: Original. Puedes combinar dos ideas existentes para crear una nueva. Apunta o dibuja todas las ideas que se te ocurran (aunque te parezcan tontas), te podrán servir más adelante.

Innovadora: Busca siempre innovar con tus ideas.

Ecológica: Busca siempre ayudar al planeta. Algunas formas son: Donar un porcentaje de las ganancias a salvar a las focas (yo que sé), utilizar materiales biodegradables, etc...

Recuerda que la idea te tiene que gustar, tiene que ser algo que disfrutes hacer, eso hará que algo se te ocurra más fácil y que no te aburras al instante de empezarlo.

No deseches ninguna idea, **todas** las ideas son buenas sin importar lo tontas que parezcan. Un ejemplo de las mejores ideas del mundo es la computadora personal (lo que hoy conocemos como computadora), mucha gente **de negocios** (¡ah!, de los míos) llamó esta idea como **"tonta"**, **"inútil"** y algunas personas incluso usaron un lenguaje más "florido" (no pongo lo que dijeron porque me duele escribirlo). A pesar de todo eso, los que la crearon (Steve Wozniak y Steve Jobs, principalmente, aunque mucha gente de muchas compañías estuvo involucrada), siguieron con su idea y hoy la computadora personal es uno de los dispositivos más utilizados.

El
NOMBRE

Sin nombre, quién sabe qué harían las grandes empresas y los pequeños y medianos negocios. Esto incluye tu negocio. La mejor solución para que el mundo se acuerde de tu negocio es ponerle nombre (también es muy importante tener un logo, pero eso lo verás más adelante).

Tu nombre tiene que ver con tu marca y ser algo creativo. Puedes usar juegos de palabras, palabras en otro idioma, entre otras opciones para hacerlo más creativo.

Tu nombre no puede ser "Súper Juguetería" si vendes galletas. Más bien, tu nombre debería ser sobre galletas como "Súper Galleta" o algo así. Haz que tu nombre concuerde con tu producto o servicio.

Tu logo

Un logo es una de las cosas más importantes para un negocio. El tener un logo atractivo y referente a nuestro producto o servicio, la gente recordará lo que ofrecemos con una simple imagen.

Una recomendación para crear un logo es hacerlo variando colores, abajo encontrarás algunos ejemplos:

los colores

Rojo

El rojo es el color del fuego y de la sangre, por lo que se asocia con la energía, la guerra, el peligro, la fuerza, el poder, la determinación, así como la pasión, el deseo y el amor.

Naranja

El naranja combina la energía del rojo y la felicidad del amarillo. Se asocia a la alegría y la luz del sol. El naranja representa el entusiasmo, la felicidad, la creatividad, la determinación, el éxito, el ánimo y el estímulo.

Amarillo

El amarillo es el color del sol. Se asocia a la alegría, la felicidad, la inteligencia y la energía.

Verde

El verde es el color de la naturaleza. Simboliza crecimiento, armonía, frescura y fertilidad. El color verde tiene una fuerte correspondencia emocional con la seguridad.

Azul

El azul es el color del cielo y el mar. A menudo se asocia con la profundidad y la estabilidad. También simboliza la confianza, la lealtad, la sabiduría, la inteligencia, la fe, la verdad y el cielo.

Morado

El morado combina la estabilidad del azul y la energía del rojo. El color morado se asocia con la realeza. Simboliza el poder, nobleza, lujo y ambición. Transmite la riqueza y extravagancia. También se asocia con la sabiduría, la dignidad, la independencia, la creatividad, el misterio y la magia.

Negro
El negro se asocia con el poder, la elegancia, la formalidad, la muerte, la maldad y el misterio.

Blanco
El blanco se asocia con la luz, la bondad, la inocencia y la pureza. Es considerado el color de la perfección.

Colores

Cálidos
Rojo
Naranja
Amarillo

Fríos
Verde
Azul
Morado

Extremos
Negro
Blanco

¿Por qué es importante saber esto?
Con esta guía de lo que representa cada color podrás crear un logo con colores que le queden a tu marca.

Producto o servicio

Es importante que sepas qué vas a vender, tienes que saber si es un **producto**, o un **servicio**. Básicamente un **producto** lo puedes tocar (como mis Marsh Burgers), y un **servicio** no, (clases de matemáticas por ejemplo, necesito unas urgentemente).

Un punto importante que debes de tomar en cuenta, es que pueden ser los dos (producto y servicio). Un ejemplo es BusinessKids.

¿Qué es BusinessKids? Un centro de desarrollo emprendedor para niños de cuatro a catorce años (**servicio**), pero también es una revista de emprendimiento infantil (**producto**).

A lo que me refiero, es que puedes vender **productos** (por ejemplo, robot de juguete) y **servicios** (por ejemplo, reparación de un robot de juguete), al mismo tiempo.

Costos

Ya que tienes tu **logotipo**, **nombre** y tu **idea**, es muy importante saber a qué precio vas a vender tu producto/servicio.

Tienes que determinar tu **precio**. Para eso, necesitas saber tus **costos** y cuánto le quieres ganar (a esto se le llama **utilidad**, lo veremos más adelante).

En esta sección nos vamos a enfocar específicamente en calcular **costos**.

Para empezar, debes saber cuánto gastas en producir tu producto o dar un servicio. En el caso de unas galletas (producto), tienes que saber cuánto te cuesta cada uno de los ingredientes que lleva la receta, más el empaque; y en el caso de un servicio debes calcular cuánto cuesta dar ese servicio (incluyendo tu trabajo).

Ya que saques tus costos, pasa al siguiente capítulo.

El equilibrista financiero

Conceptos:
- **Costo:** Lo que cuesta fabricar un producto u otorgar un servicio.
- **Precio:** Cantidad en la que se vende un producto o servicio.
- **Utilidad:** Diferencia entre el costo y el precio.

Esta herramienta te ayudará a aprender los conceptos de **costo**, **precio** y **utilidad**.

Ejercicio:
Pepe hace galletas. Quiere calcular el **precio** de cada galleta. ¿Qué necesita saber?

Respuesta:
Necesita saber el **costo** (que es lo que le cuesta fabricar el producto).

Sabemos que el **costo** es de $7.50 por galleta.
Pepe quiere ganar $2.50 por galleta (es decir, una
utilidad de $2.50).

Datos para resolver el ejercicio:
Costo: $7.50
Utilidad: $2.50

¿Cuál será el precio?

Repuesta : $10.00 por galleta

NOTA:
Puedes representar la **utilidad** en
porcentaje y en número.

Producción eficaz

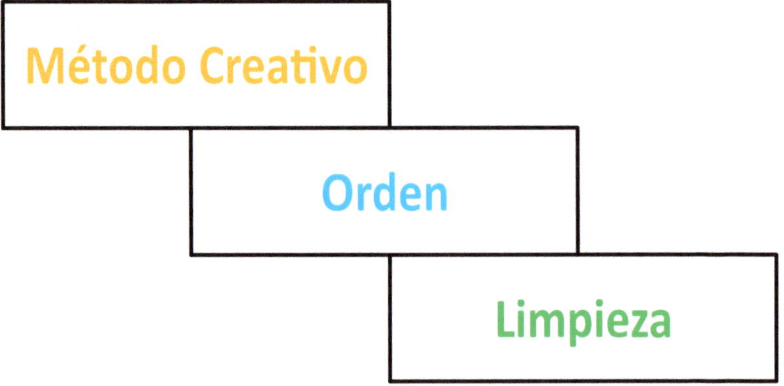

¡Combina estos tres aspectos y tu
producción será más eficaz!

Producción eficaz

Método Creativo: Un método como la cadena de producción, creativo. Recuerda las 3 R's (reusar, reciclar y reducir).

Orden: Mantén tu lugar de trabajo ordenado. Esto te ayudará a encontrar todo lo que necesitas rápidamente y sin tener que poner todo patas arriba (debería empezar a leer lo que escribo, y a seguirlo).

Limpieza: Mantén tu lugar de trabajo limpio. Al igual que el orden, te ayudará mucho. Un punto importante es que si trabajas con comida, recuerda lavarte las manos antes. Y si te comes algunos de tus ingredientes (cuántas veces me ha pasado), vuélvete a lavar las manos.

Oferta y demanda

La oferta es lo que un negocio ofrece al público (consumidores). Por ejemplo, si Pancho ofrece un robot de juguete a $30, se podría decir "Pancho ofrece un Robot de Juguete a $30".

La demanda es lo que el público (consumidores), quiere. Por ejemplo, los consumidores quieren comprar 100 robots de juguete a Pancho por $30 cada uno. La cantidad demandada es 100 robots a $30 cada uno.

Pero hay un problema:

Pancho tiene 200 robots de juguete, pero los consumidores sólo quieren comprar 100. Esto significa que le quedarían 100 robots de juguete los cuales no vendería (básicamente, dinero perdido a la basura, bueno, o robots de juguetes extras).

Entonces Pancho tiene varias opciones:
- Venderlos a $30 pero quedarse con 100 (Vende 100).
- Venderlos a $50 pero quedarse con 150 (Vende 50).
- Venderlos a $100 pero quedarse con 175 (Vende 25).
- Venderlos a $20 y a la vez no quedarse con ninguno.

Ejercicio:

Ayuda a Pancho a escoger la respuesta correcta.

TIP:

Básicamente funciona así:

- Demanda MAYOR A Cantidad IGUAL A Algunos clientes no obtienen su producto (Ejemplo: 100 clientes, 20 juguetes)
- Cantidad MAYOR A Demanda IGUAL A Sobra producto (Ejemplo: 100 juguetes, 20 clientes)
- Cantidad IGUAL A Demanda IGUAL A ¡¡¡PERFECTO!!!

OJO:

La demanda cambia gracias a factores como PRECIO y CALIDAD.

Empaque

El empaque es lo que el cliente va a ver cuando le des tu producto. Básicamente tu empaque debe tener 3 cosas:

- Logo y nombre de tu producto.
- Diseño atractivo.
- Ser seguro (que no se rompa tan fácilmente).

Asegurate de darle a tu empaque un diseño con los colores de tu logo, eso ayudara a crear un "tema" (si creas un tema, tambien lo debes utilizar en tu página web, simplemente te ves más profesional, asi que elige los colores sabiamente, un ejemplo puede ser el tema de Marsh Burgers, siempre utilizo azul y fotos de ciudades).

También corrobora que tu empaque sea de un tamaño proporcional a tu producto, para que no tengas un producto chico en una caja grande, o que tu producto no quepa.

4 P's

Las cuatro P's de la mercadotecnia se utilizan para definir mejor tu negocio.

Las 4 P's son:

- Precio: Lo que cuesta tu producto.
- Plaza: Dónde vendes tu producto.
- Producto: Qué vendes. Se puede cambiar por servicio.
- Promoción: Qué ofrece tu producto o qué necesidad satisface.

Con las cuatro P's puedes hacer una oración que defina tu negocio:

"Yo vendo **chocolate, 100% natural, en mi colonia**, con un rango de **precios de $5 a $20**".

¿Lo ves? ¡Inténtalo!

Tu mercado

Con tu mercado, no me refiero a que pongas tu puesto (si quieres, adelante), sino a definir quiénes son tus clientes. Esto se puede hacer con una serie de preguntas:

-¿Edad?
-¿Hombre o Mujer?
-¿Gustos?

También debes recordar qué le ofrece tu producto o servicio a esas personas (ejemplo: Si vendes un lápiz a alguien que lo necesita para acabar un examen).

También es muy importante saber qué quiere tu mercado. Eso se resuelve haciendo una encuesta de mercado. Una encuesta de mercado son preguntas que le haces a alguien sobre tu negocio. Las preguntas pueden incluir:

- Si le gusta el nombre
- Si le gusta el logo
- Si le parece bueno el costo

A partir de preguntas como esas puedes obtener información de qué quiere tu "target" (mercado), y mejorar tu producto.

Inspiración

"No fracasé. Sólo encontré 10 mil formas que no funcionan" - Thomas Edison

"Tus clientes más infelices son tu fuente de aprendizaje más grande" - Bill Gates

"Hacer o no hacer. No sirve intentar, solo hacer"- Yoda

"Cuando dejas de soñar dejas de vivir" - Malcolm Forbes

"Si no puedes volar, corre, si no puedes correr, camina, si no puedes caminar, gatea. Sin importar lo que hagas, sigue avanzado hacia adelante" - Martin Luther King Jr.

"He perdido más de nueve mil oportunidades en mi carrera. He perdido casi 300 juegos. Me han confiado veintiséis veces el tiro ganador y he fallado. He fracasado una y otra vez en mi vida y por eso he tenido éxito" - Michael Jordan

"Si quieres seguir aprendiendo de negocios, da vuelta a la página" - José Pablo Iglesias

Darte a conocer

Esto sonará algo complicado, pero la verdad es de lo más sencillo. Básicamente hay dos formas de darte a conocer:
* "Boca a boca"
* Páginas Web y Redes Sociales

Empezaremos por "boca a boca". Tú puedes enseñarle tu producto/servicio a un amigo y pedirle que lo recomiende, entonces posiblemente el primo del tío del amigo de tu amigo te termine comprando.

La segunda, Páginas Web y Redes Sociales. Es algo más complicado. Lo más seguro es que si tienes menos de 14 no tengas redes sociales (lo más recomendable es que las empieces a usar después de esta edad), y que creas que hacer una página web es muy complicado. Pero si ya tienes redes sociales (que sepan tus papás que las tienes) puedes continuar, si no, sigue esforzándote por dar a conocer tu producto boca a boca.

Para darte a conocer por medio de redes sociales puedes empezar por:

-Hacer una página de Facebook **de tu negocio**.
-Hacer una cuenta de Twitter **de tu negocio**.
-Compartir información de tu producto con tus amigos.
-Hacer una cuenta de Instagram **de tu negocio**.
-Hacer una cuenta de Google+ **de tu negocio**.

Para hacer una página web puedes:

-Usar **Wix** o **Wordpress** (no muy recomendable).
-Pagarle a alguien para que te la haga (no recomendable y caro)
-Hacerla **tu mismo** (Entra a <u>gryphonacademy.x10.mx</u> para ver tutoriales. Es un proyecto que estoy desarrollando para ayudar a que más niños emprendedores tengan una página web.).

También es importante que hagas un correo electrónico **de tu negocio**, donde puedas recibir quejas, sugerencias, comentarios, etc...

Seguridad en línea

Esto no tiene que ver exactamente con negocios, pero si vas a utilizar redes sociales, correo electrónico y/o páginas web, es importante que conozcas qué debes y qué no debes hacer en internet.

1. No des datos personales. Yo te recomiendo que sólo des tu nombre y primer apellido (el mío sería José Pablo Iglesias) o abrevia tu nombre (por ejemplo, JPIglesias).

2. No le des tu contraseña a nadie, excepto a tus padres o tutores.

3. Si utilizas un equipo compartido por alguien que no es de tu familia, siempre sal de tu cuenta (de redes sociales o e-mail), antes de apagar la computadora.

Recomendación especial para Facebook:
No te hagas amigo de alguien si no lo conoces en la vida real. Si lo has visto una vez **NO ES CONOCERLO**. Mi recomendación es que tu "amigos" de Facebook se reduzcan a tus familiares y amigos reales, que conozcas e interactúes con ellos.

Reinvertir

Reinvertir es como tener un árbol de dinero, mientras más lo riegues y lo cuides, más fruto producirá (estamos hablando de dinero).

La manera básica de **reinvertir** es la siguiente:

- Por cada $50 pesos de utilidades, $10 se reinvertirán en el negocio.

Tú puedes decidir cuánto vas a reinvertir, cada cuánto, o si lo vas a hacer o no.

Utiliza la reinversión a tu favor, entre más reinviertas, el negocio va a ser auto-sustentable.

Ventas

Ahora que tienes todo listo llega la parte divertida... **¡Ventas!**

Explicar cómo vender mejor es algo difícil, aprendes más sobre la marcha que leyendo u oyendo explicaciones. A lo que me refiero es que la mejor forma de aprender sobre ventas es, básicamente, vendiendo. Pero para ayudarte, te voy a hablar de mi experiencia:

Empezó hace mucho (de hecho fue hace 2 años, pero hay que hacerlo más interesante)... Mi primera venta, no me fue de lo peor, pero tampoco de lo mejor.

Ese día empecé a descubrir qué funciona y qué no funciona. Descubrí que vender era "convencer" a tu cliente de que tu producto era el mejor, digan lo que digan los demás.

Me di cuenta de que para convencer al cliente de que tu producto era el mejor, tú debes estar convencido de que tu producto es el mejor.

En el campo de batalla (si, tu puesto/stand), tienes que hacer todo para convencer al cliente, y si te dice que no, aceptar el rechazo pero volverlo a intentar con el siguiente, sin desanimarte jamás.

Básicamente eso es todo lo que debes de saber, resumido en un parrafote.

Pero hay más tips, te los iré presentando en las siguientes páginas:

Haz tus precios perfectos: Un precio muy bajo puede afectar tus ventas, ya que la gente creerá que es de mala calidad. Cuando pongas tu precio asegúrate de checar precios de productos similares en el mercado. Así tus precios serán mejores, porque la gente creerá que es de mejor calidad.

No utilices "ehhh", "ahhh", etcétera: Intenta eliminar estas "palabras" cuando estás enseñando o exponiendo tu producto. Te desconcentras a ti y desconcentras al cliente, lo cual te hace ver menos profesional y parece que no estás convencido de que tu producto es el mejor.

Cree en tu producto/servicio: Como ya lo dije antes, tienes que creer en lo que estás vendiendo para poder convencer al cliente de que tu producto o servicio es lo máximo.

Responde al mal con bien: Si el cliente empieza a comportarse de mala manera (es rudo, contestón, te interrumpe, etc.), tú no seas como él. Al contrario, tú mantén la calma y responde al mal con bien.

Apóyate de material visual: Utiliza mapas mentales, "infographics", imágenes, etc. Todo lo que te ayude a explicar tu producto de mejor manera.

Conclusión

En las pasadas 38 páginas aprendiste todo lo que se puede enseñar de negocios en un libro para niños, lo demás lo puedes aprender tú mismo, de hecho, lo genial de los negocios es eso, no es como un curso escolar, en los negocios siempre estás aprendiendo de tus acciones, con cada venta, cada cliente, en cada momento, aprendes algo nuevo y mejoras.

Espero que este libro te haya ayudado a entrar en el mundo de los negocios, un mundo que a mí me encantó cuando entre en él.

Te deseo suerte en tu aventura en el mundo de los negocios,

José Pablo Iglesias

Glosario

- Costo: Lo que cuesta fabricar un producto u otorgar un servicio.

- Precio: A lo que se vende un producto o servicio.

- Utilidad: Diferencia entre el costo y el precio.

- Precio: "P" de la mercadotecnia que se refiere a el dinero.

- Plaza: "P" de la mercadotecnia que se refiere al lugar donde vendes tu producto

- Producto: "P" de la mercadotecnia que se refiere a lo que vendes. (Se puede cambiar por servicio)

- Promoción: "P" de la mercadotecnia que se refiere a lo que ofreces, cualidades, no producto.

- Mercado: A quien va dirigido tu producto/servicio, cuál es su edad, es hombre o mujer, qué le gusta.

- Oferta: Lo que ofreces (se refiere a cantidad).

- Demanda: Lo que la gente quiere (se refiere a cantidad).

- Logotipo: Imagen que define a tu negocio.

- Producto: Algo que vendes, lo puedes tocar, ver sentir, etcétera.

- Servicio: Algo que ofreces: reparaciones, clases, etcétera.

www.ingramcontent.com/pod-product-compliance
Lightning Source LLC
LaVergne TN
LVHW051510180726
843512LV00006B/710